Prix du cahier :
20 centimes.

Propriété de l'Auteur.
Droits de traduction et de reproduction
réservés pour tous pays.

SOLFÈGE PRATIQUE

ET

PRINCIPES

DE

CALLIGRAPHIE MUSICALE

EN SIX CAHIERS

PAR

FRANÇOIS SARRE

Professeur de Musique

TROISIÈME ÉDITION

DISPOSITION DE LA MÉTHODE DANS CHAQUE CAHIER :

1° Théorie indispensable (en tête des exercices);
2° Exercices gradués destinés à être lus, chantés ou expliqués, puis recopiés;
3° Théorie complémentaire (2ᵉ page de la couverture);
4° Questionnaire musical dont les réponses devront être apprises par cœur (3ᵉ page de la couverture).

6ᵐᵉ CAHIER

Appartenant à l'Élève

PARIS

SANARD, DERANGEON ET Cⁱᵉ
LIBRAIRES-ÉDITEURS
174, rue Saint-Jacques

HENRY-ABEL SIMON
ÉDITEUR DE MUSIQUE
15 et 17, rue des Martyrs

1886

THÉORIE COMPLÉMENTAIRE

SIXIÈME CAHIER

Cette partie théorique de la méthode s'adresse surtout au professeur. Elle complète les explications données dans le courant du cahier en tête des différents exercices. — Chaque cahier devant être recommencé plusieurs fois par la même classe, le maître reviendra souvent sur le même sujet en l'expliquant d'une façon simple et en rapport avec l'âge des élèves. — On ne devra jamais traiter plus d'une question dans chaque leçon. — Il sera toujours très avantageux de faire concorder l'explication théorique avec l'application d'un exercice sur le même sujet. On n'aura pour cela qu'à observer les renvois à la théorie complémentaire que l'on rencontrera dans le courant de l'ouvrage.

Notes liées ou coulées. Notes piquées.

La liaison placée sur des notes de différents degrés commande de LIER ou COULER ces notes en accentuant la première et en glissant légèrement sur les autres. L'exécution d'un groupe de notes liées ne doit jamais être interrompue par la respiration.

Le point placé au-dessus ou au-dessous de la note produit l'effet contraire: il commande de DÉTACHER ou PIQUER la note. Ne pas confondre la note piquée avec la note pointée (voir pages 2 et suivantes).

C'est surtout par la vocalisation qu'on rendra sensible la différence d'interprétation des notes liées et des notes piquées.

Notes d'agrément ou petites Notes.

Les NOTES D'AGRÉMENT figurées en petites notes sont un ornement de la mélodie; elles ajoutent à l'effet; mais leur suppression ne détruirait pas le sens principal de la phrase. Les notes d'agrément sont employées isolément ou par groupes; elles précèdent ou suivent les notes réelles auxquelles elles empruntent la durée de leur exécution plus ou moins rapide. Nous établirons six manières d'exécuter les petites notes que nous appellerons: l'APPOGGIATURE, la NOTE BRISÉE, le MORDANT, les NOTES DE PASSAGE, le GRUPPETTO et le TRILLE (voir page 10).

APPOGGIATURE.

L'APPOGGIATURE (du verbe italien APPOGIARE, appuyer) est généralement bannie dans la musique moderne sans le secours des petites notes, c'est-à-dire que pour s'assurer de l'interprétation plus exacte de ses intentions le compositeur écrit en notes réelles les notes formant appoggiature. Quand l'appoggiature est figurée par une petite note, elle prend à la note réelle devant laquelle elle est placée: 1° la moitié de sa valeur si cette note peut se diviser en deux parties égales; 2° le tiers si la note ne peut que se diviser en trois parties. — La note formant appoggiature est toujours à distance de seconde de la note réelle; elle peut être ascendante ou descendante. — L'appoggiature ascendante doit toujours avoir un demi-ton; l'appoggiature descendante peut avoir un demi-ton ou un ton.

NOTE BRISÉE. — MORDANT.

La petite note isolée dont la queue est barrée s'appelle NOTE BRISÉE.

Le MORDANT est généralement composé de deux petites notes; la première est toujours sur le même degré que la note réelle.

La NOTE BRISÉE et le MORDANT ont cela de commun: 1° qu'ils précèdent toujours la note réelle; 2° que leur valeur est toujours empruntée à la première partie de la note qu'ils précèdent; 3° qu'il faut les exécuter avec la plus grande rapidité.

NOTES DE PASSAGE. — GRUPPETTO.

Les petites notes de passage ou simplement NOTES DE PASSAGE sont groupées en plus ou moins grande quantité à la suite de la note réelle.

Le GRUPPETTO est un groupe de quatre petites notes allant par degrés conjoints et entourant de cette manière la note réelle après laquelle il est placé: degré supérieur, note réelle, degré inférieur (demi-ton) et note réelle.

Les NOTES DE PASSAGE et le GRUPPETTO ont cela de commun: 1° que leur exécution plus ou moins rapide dépend du caractère du morceau et du goût de l'exécutant; 2° que leur valeur est toujours empruntée à la dernière partie d'une note.

TRILLE.

Le TRILLE consiste à faire entendre successivement et rapidement la note écrite et sa seconde supérieure pendant autant de temps que la note réelle a de durée. — Le trille peut être préparé et terminé par un groupe ou une note d'agrément quelconque. On l'indique par l'abréviation tr placée au-dessus de la note.

Mouvements.

On s'est déjà aperçu par le battement plus ou moins rapide de la mesure que les notes n'ont toutes qu'une durée relative. Le degré de lenteur ou de rapidité adopté dans le battement de la mesure constitue le mouvement.

Le mouvement s'indique au début du morceau par des termes italiens consacrés par l'usage (voir pages 11 et suivantes).

MANIÈRES D'INDIQUER LE MOUVEMENT (termes principaux).

LARGO (très lent). — LARGHETTO, LENTO, ADAGIO (lent). — ANDANTE (posément). — ANDANTINO (un peu moins lent qu'ANDANTE). — MODERATO (modéré). — ALLEGRO (vif). — ALLEGRETTO (moins vif qu'ALLEGRO). — PRESTO, PRESTISSIMO (très vif).

MODIFICATIONS PASSAGÈRES DU MOUVEMENT ADOPTÉ.

RALLENTANDO ou RALL. (en ralentissant). — RITENUTO ou RIT. (retenu). — PIÙ LENTO (plus lent). — PIÙ ANIMATO (plus animé). — PIÙ VIVO, POCO A POCO (plus vite peu à peu). — AD LIBITUM ou AD LIB. (à volonté). — L'indication A TEMPO ou TEMPO 1° commande de reprendre le premier mouvement.

Pour préciser plus complètement le mouvement à adopter on se sert du métronome dont le battement régulier représente la valeur de durée qu'on veut lui assimiler. — L'indication de la page 11 commande de fixer le métronome au numéro 74 et le considérer ensuite chaque battement comme représentant la durée d'une noire.

CLÉ DE FA

La *clé de fa* donne son nom à la 4me ligne de la portée sur laquelle elle est posée. On se sert de cette clé pour les voix graves.

APPLICATION

Chaque fois qu'il s'agira d'un exercice en clé de fa on procédera, avant tout, à la lecture des notes *sans rythme* jusqu'à ce que chaque élève puisse les lire couramment

En outre de la préparation habituelle qui précède la copie, à partir de cette page l'élève devra lui même établir la tonalité de chaque exercice par les moyens indiqués au cahier précédent et indiquer le ton (majeur ou mineur) sur la ligne préalablement tracée en tête du modèle.

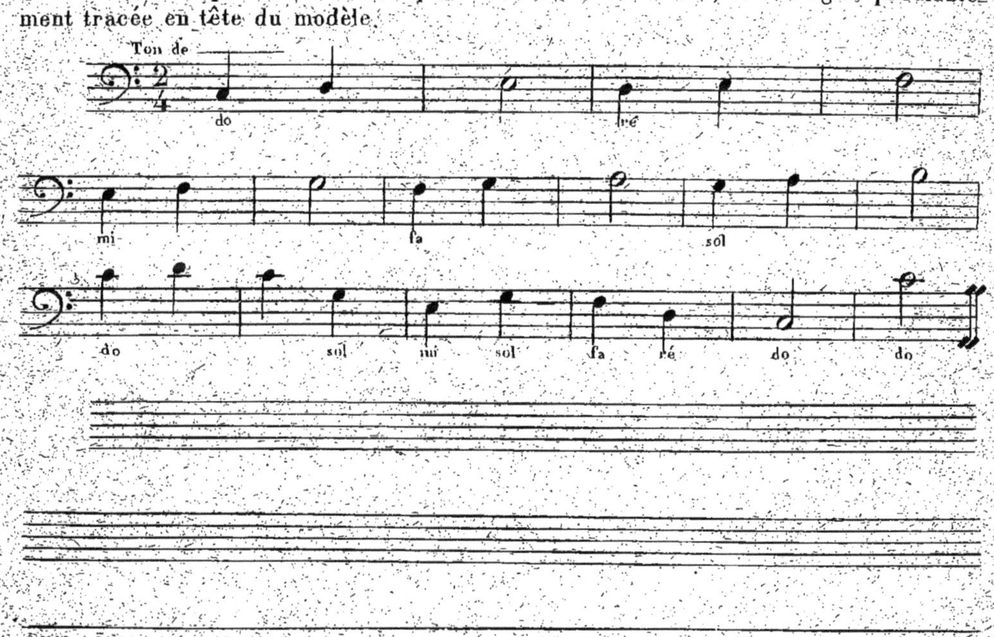

CLÉ DE FA (SUITE)

NOTES LIÉES OU COULÉES ET NOTES PIQUÉES
(voir théorie complémentaire)

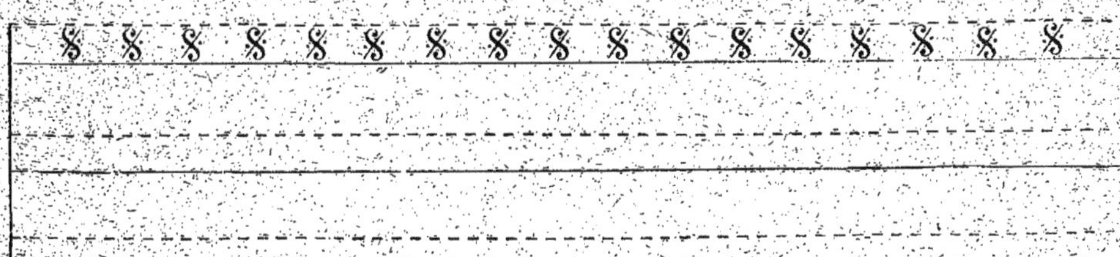

LE RENVOI 𝄪

Ce signe, rencontré *pour la deuxième fois* dans le courant du morceau, commande de reprendre où on l'a rencontré pour la première fois. —

APPLICATION

MESURES INCOMPLÈTES

Quand la première mesure d'un morceau commence par des silences on néglige souvent de les écrire. Dans ce cas, la dernière mesure ne contient généralement que ce qui manque à la première; elles se complètent l'une par l'autre.

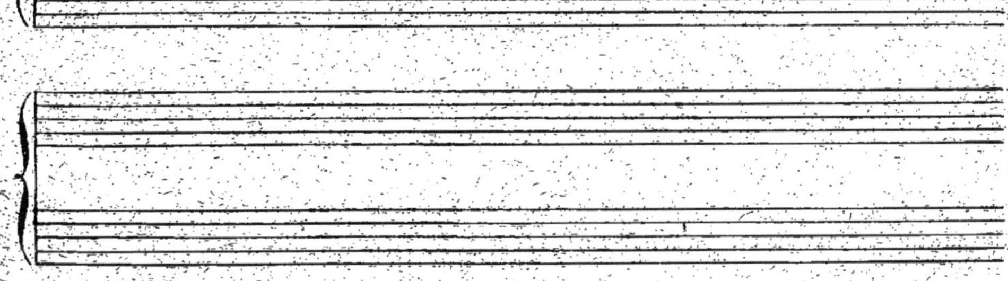

DA CAPO ou D.C. (*Du commencement*)

CANON

DOUBLE CROCHE (𝅘𝅥𝅯𝅘𝅥𝅯𝅘𝅥𝅯𝅘𝅥𝅯 ou 𝅘𝅥𝅯𝅘𝅥𝅯𝅘𝅥𝅯𝅘𝅥𝅯)

La *double croche* est le seizième de la ronde. Elle tire son nom du double crochet qui la distingue car elle n'est en réalité qu'une demi-croche._Il faut quatre double croches pour égaler la noire.

Ton de ————

FORMATION DE L'ACCOLADE

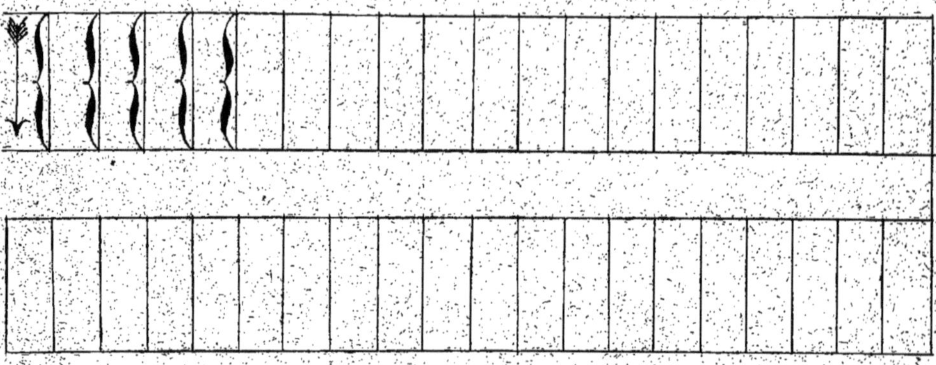

SIXAIN ET DOUBLE TRIOLET

Le *sixain* est un groupe de six notes mis à la place d'un groupe de quatre et sur lequel on place le chiffre 6. Les notes du sixain s'accentuent de deux en deux.

Le *double triolet* est aussi un groupe de six notes mis à la place d'un groupe de quatre, mais, contrairement au sixain, les notes qui le composent s'accentuent de trois en trois.

QUART DE SOUPIR

Le quart de soupir est un signe de silence dont la durée est égale à celle de la double croche.

NOTES D'AGRÉMENT OU PETITES NOTES
(voir théorie complémentaire)

CANON

MOUVEMENT, NUANCES.
(voir théorie complémentaire)

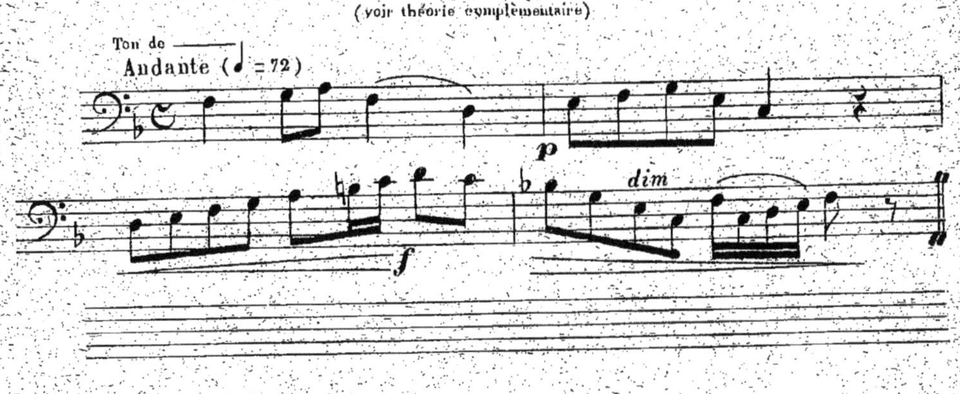

EXERCICE A TROIS PARTIES

CHANT AVEC PAROLES (*)

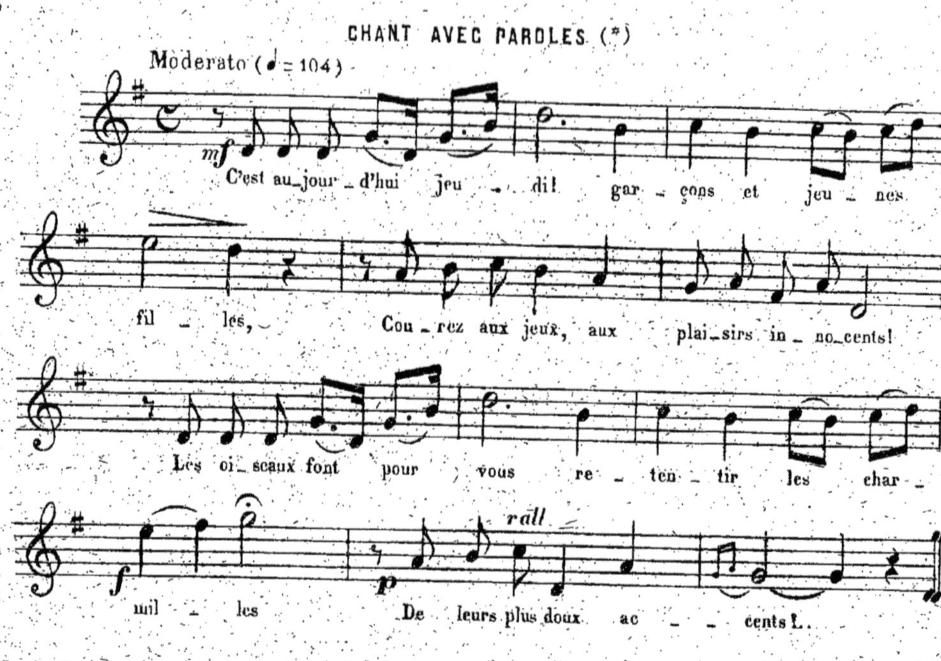

(*) *Voir pour l'écriture à adopter, la note du 4ᵉᵐᵉ cahier (page 14)*

TRIPLE CROCHE (ou)

La *triple croche* est le trente-deuxième de la ronde. Elle tire son nom du triple crochet qui la distingue car elle n'est en réalité qu'un quart de croche. Il faut huit triple croches pour égaler la noire.

(*) Il arrive parfois que les phrases qui doivent être répétées varient dans leur terminaison. Dans ce cas on place l'indication 1re fois au-dessus des mesures qui terminent la première reprise. A la reprise suivante 1re fois est remplacé par : 2e fois.

HUITIÈME DE SOUPIR (𝄾𝄾𝄾)

Le *huitième de soupir* est un signe de silence dont la durée est égale à celle de la triple croche.

DOUBLE DIÈSE (×)

Le *double dièse* élève d'un autre demi-ton la note déja diésée. Ce signe est rarement employé.

Ton de ré dièse mineur

DOUBLE BÉMOL (♭♭)

Le *double bémol* baisse d'un autre demi-ton la note déja bémolisée. Ce signe est rarement employé.

Ton de do bémol majeur

Enharmonie (voir théorie complémentaire)

modulation dans le ton de du bémol mineur
remplacé par si mineur.

ABRÉVIATIONS

Ce signe ⅃ placé entre deux barres de mesures indique que la mesure qu'il représente est entièrement semblable à la précédente. Ce simple trait / commande de répéter le groupe de notes après lequel il est placé.

La note dont la queue est *barrée une fois* (♪ ou ♩) doit-être répétée autant de fois qu'elle contient de croches. La note dont la queue est *barrée deux fois* (♪ ou ♩) est divisée en *double croches*, etc.

On appelle *bâton de mesure* un trait surmonté d'un chiffre quelconque destiné à représenter un certain nombre de *pauses successives*.

Les abréviations sont surtout en usage dans la musique instrumentale.

Nuances.

Les NUANCES constituent l'expression de la phrase musicale. On les indique dans le courant du morceau de cette manière. — PIANISSIMO ou *pp* (très doux). — DOLCE, PIANO ou *p* (doux). — MEZZO-FORTE ou *mf* (demi-fort). — FORTE ou *f* (fort). — FORTISSIMO ou *ff* (très fort). — CRESCENDO ou CRESC. (en augmentant de force). — DECRESCENDO ou DECRESC. ; DIMINUENDO ou DIM. (en diminuant de force). — Le CRESCENDO et le DECRESCENDO s'indiquent le plus souvent de cette manière :

Enharmonie.

Puisqu'une simple altération coupe en deux parties égales l'intervalle d'un ton et que le plus petit intervalle appréciable est le demi-ton, il arrivera donc que le FA DIÈSE et le SOL BÉMOL par exemple se rencontreront sur le même degré (1).

Si, contrairement à l'orthographe tonale, on prend l'une pour l'autre ces deux manières d'écrire le même son, on créera une ENHARMONIE.

On fait usage de l'enharmonie pour rendre plus claires certaines modulations ou pour faciliter l'exécution de certains passages (voir page 15).

Quadruple croche. Seizième de soupir.

La QUADRUPLE-CROCHE est le soixante-quatrième de la ronde. Elle entre seize fois dans la durée de la noire. Cette note tire son nom du quadruple crochet qui la distingue, car elle n'est en réalité qu'un multiple de croche.

Le SEIZIÈME DE SOUPIR est un signe de silence dont la durée équivaut à la quadruple-croche.

Il nous suffit de mentionner ici l'existence de ces deux valeurs de durée dont l'exécution rapide est très difficile pour la voix humaine.

(1) Les notes enharmoniques n'ont pas réellement la même intonation. La division du ton en neuf COMMAS met entre elles la différence d'un neuvième de ton ; mais si cette différence est observée par le chanteur bien exercé, elle est annulée dans les instruments à sons fixes : le piano, l'orgue, etc. On appelle TEMPÉRAMENT la fixation des notes enharmoniques sur le même son.

Dictée musicale (Cours supérieur).

La dictée musicale du cours supérieur laisse au professeur une certaine latitude dans le choix de ses sujets, mais on n'oubliera pas que les difficultés de rhythme et d'intonation devront toujours être présentées avec beaucoup d'ordre.

DICTÉE VOCALE. — On établira, avant tout, la tonalité comme on l'a fait précédemment ; puis le maître vocalisera ou exécutera en entier le sujet de la dictée. Il ne fera aucun mouvement ; mais il accentuera quelque peu les temps forts pour permettre aux élèves de découvrir eux-mêmes à combien de temps est la mesure. Après que la mesure aura été clairement établie et battue un instant par tout la classe, le maître reprendra le même exercice qu'il vocalisera cette fois par membres de phrase. Les élèves répéteront sans cesse chaque membre de phrase en solfiant et en battant la mesure.

DICTÉE ÉCRITE. — Après avoir établi la tonalité, les élèves écriront la clé et l'armure. Le maître vocalisera ensuite l'exercice en entier comme à la dictée vocale ; les élèves écriront la mesure après l'avoir clairement établie. Le maître reprendra de nouveau l'exercice dont il vocalisera le premier membre de phrase, les élèves l'écriront dans son véritable rhythme. On continuera ainsi jusqu'à la fin.

Le sujet de dictée une fois épuisé, on chantera l'exercice en entier en battant la mesure ; chaque élève corrigera ses fautes instantanément, et on terminera par la récapitulation de la dictée en la chantant une dernière fois.

QUESTIONNAIRE MUSICAL
SIXIÈME CAHIER

Étant donné le degré d'instruction et l'habitude de la réflexion que doivent avoir les élèves du cours supérieur, les réponses de ce dernier *Questionnaire* sont laissées à leur propre initiative. Le maître en intercalera, comme par le passé, un des paragraphes dans chaque leçon de chant en l'entourant des détails qu'il croira nécessaires.

I

Qu'est-ce qui détermine le nom des notes par rapport à leur position sur la portée ?
Combien de clés peuvent être employées dans l'écriture musicale ?
Nommez-les.
Quelle est la clé employée pour les voix aiguës ?
Quelle est la clé des voix graves ?
Quelle est celle des trois clés dont l'usage est aujourd'hui presque abandonné ?
Sur quelle ligne de la portée est placée la clé de sol ?
Dans quel cas la note traversée par la deuxième ligne s'appelle-t-elle sol ?
Sur quelle ligne de la portée est placée la clé de fa ?
Dans quel cas la note traversée par la quatrième ligne s'appelle-t-elle fa ?
La clé de do occupe-t-elle toujours la même position sur la portée ?
Sur quelles lignes de la portée se place tour à tour la clé de do ?
De quelle note la clé de do fixe-t-elle la position sur la portée ?

II

Combien de degrés de la gamme sont à distance d'un ton ?
Citez-les.
Combien de degrés de la gamme sont à distance d'un demi-ton ?
Citez-les.
Récitez la gamme par tonique, sous-tonique, etc.
Où sont placés les demi-tons dans cette appellation des degrés de la gamme ?
En combien de tétracordes est divisée la gamme ?

III

Quelle est l'unité des valeurs rhythmiques ?
Existe-t-il des valeurs de notes multiples de l'unité ?
Quels sont les sous-multiples de l'unité ?
Que vaut la blanche comparée à l'unité ?
Que vaut la noire comparée à l'unité ?
Que vaut la croche comparée à l'unité ?
Que vaut la double-croche comparée à l'unité ?
Que vaut la triple-croche comparée à l'unité ?
Que vaut la quadruple-croche comparée à l'unité ?

IV

À quoi servent les signes de silence ?
Récitez les signes de silence.
À quelle valeur de note correspond la pause ?
À quelle valeur de note correspond la demi-pause ?
À quelle valeur de note correspond le soupir ?
À quelle valeur de note correspond le demi-soupir ?
À quelle valeur de note correspond le quart de soupir ?
À quelle valeur de note correspond le huitième de soupir ?
À quelle valeur de note correspond le seizième de soupir ?

V

D'où les mesures à temps binaires tirent-elles leur nom ?
Quelles sont les mesures à temps binaires les plus usitées ?
Comment bat-on la mesure à 2/3 ?
Comment bat-on la mesure à 3/4 ?
Comment bat-on la mesure à 4/4 ?
Quelles sont les mesures à temps binaires les moins souvent employées ?
Comment bat-on la mesure à 3/8 ?
Comment bat-on la mesure à 2/2 ?

Par quelle valeur de durée est représenté le temps dans les mesures à 2/4, 3/4 et 4/4 ?

Par quelle valeur de durée est représenté le temps dans la mesure à 2/8 ?

Par quelle valeur de durée est représenté le temps dans la mesure à 2/2 ?

VI

D'où les mesures à temps ternaires tirent-elles leur nom ?

Quelles sont les mesures à temps ternaires ordinairement employées ?

Comment bat-on la mesure à 6/8 ?

Comment bat-on la mesure à 9/8 ?

Comment bat-on la mesure à 12/8 ?

Par quelle valeur de durée est représenté le temps dans les mesures à 6/8, 9/8 et 12/8 ?

Qu'est-ce qu'un triolet ?

Qu'est-ce qu'un double-triolet ?

Qu'est-ce qu'un sixain ?

Quelle est la différence d'exécution du sixain et du double-triolet ?

VII

Comment s'appellent les temps que le rhythme naturel nous porte à accentuer plus que les autres ?

Comment s'appellent les temps intermédiaires ?

Où se placent les temps forts généralement ?

Qu'est-ce qu'on appelle partie forte d'un temps ?

Qu'est-ce qu'une syncope ?

Dans quels cas les syncopes sont-elles appelées égales ?

Dans quels cas les syncopes sont-elles appelées inégales ou brisées ?

Qu'appelle-t-on contre-temps ?

Qu'entend-on par : attaquer à contre-temps ?

VIII

Qu'indique la liaison placée entre deux notes de même degré ?

Que commande la liaison placée sur un groupe de notes de différents degrés ?

Comment s'exécutent les notes liées ou coulées ?

Qu'appelle-t-on notes piquées ou détachées ?

Qu'est-ce qu'un point d'orgue ?

Qu'est-ce qu'un point d'arrêt ?

Dans quel cas trouve-t-on des mesures incomplètes ?

Que commande l'indication Da capo ou D C placée à la fin du morceau ?

Quel usage fait-on du renvoi ?

Dans quels cas fait-on usage de l'abréviation ?

Dans quel genre de musique l'abréviation est-elle surtout employée ?

IX

Qu'est-ce qu'un dièse ?

Qu'est-ce qu'un double-dièse ?

Qu'est-ce qu'un bémol ?

Qu'est-ce qu'un double-bémol ?

Qu'est-ce qu'un bécarre ?

Qu'appelle-t-on armure ?

L'armure contient-elle quelquefois des doubles-dièses ou des doubles-bémols ?

Récitez les sept dièses dans leur ordre invariable.

Récitez les sept bémols.

Dans quel cas les signes d'altération sont-ils appelés constitutifs ?

Dans quel cas sont-ils appelés accidentels ?

X

Comment découvre-t-on le principe générateur de toutes les gammes ?

Comment se produit le déplacement des tétracordes ?

Quel est le déplacement des tétracordes qui engendre les dièses ?

Par quel moyen découvre-t-on la tonique (point de départ de la gamme) dans les armures en dièses ?

Quel est le déplacement des tétracordes qui engendre les bémols ?

Par quel moyen découvre-t-on la tonique (point de départ de la gamme) dans les armures en bémols ?

XI

Qu'est-ce qu'une modulation ?

Quel rôle remplit le dièse qui détermine la modulation ?

Quel rôle remplit le bémol qui détermine la modulation ?

Qu'est-ce qu'une gamme diatonique ?

Qu'est-ce qu'une gamme chromatique ?

À l'aide de quels signes d'altération se forme la gamme chromatique ascendante ?

À l'aide de quels signes d'altération se forme la gamme chromatique descendante ?

Dans quel genre est écrite la musique généralement ?

Pourquoi le genre chromatique ne peut-il être que passager ?

Qu'est-ce qu'une enharmonie ?

Dans quel cas fait-on usage de l'enharmonie ?

XII

Qu'est-ce qu'un intervalle en musique ?

Récitez les intervalles simples.

Quels sont les intervalles redoublés qui font suite aux intervalles simples ?

Qu'est-ce qui distingue l'intervalle majeur de l'intervalle mineur ?

Qu'est-ce qu'un intervalle augmenté ?

Qu'est-ce qu'un intervalle diminué ?

Le genre diatonique contient-il des intervalles augmentés ou diminués ?

À quel genre appartiennent les intervalles augmentés et diminués ?

Comment se produit le renversement d'un intervalle ?

Que devient l'intervalle majeur renversé ?

Que devient l'intervalle mineur renversé ?

Que produit le renversement de l'intervalle augmenté ?

Que produit le renversement de l'intervalle diminué ?

XIII

Quels sont les deux accords principaux de la musique moderne ?

Qu'est-ce qu'un accord consonnant ?

Qu'est-ce qu'un accord dissonnant ?

Quelle superposition d'intervalles constitue la forme radicale des accords ?

Qu'est-ce que l'accord parfait ?

De quelles notes est-il composé ?

Qu'est-ce que l'accord de septième de dominante ?

De quelles notes est-il composé ?

Comment se produit sa résolution ?

XIV

Quels sont les deux modes qui constituent la musique moderne ?

Pourquoi le mode majeur et le mode mineur sont-ils appelés tons relatifs ?

Quel est le degré de la gamme majeure qui sert de point de départ à la gamme mineure ?

De quels intervalles est formé l'accord parfait mineur ?

Par quoi est déterminé le mode mineur ?

Que devient, dans le mode mineur, la dominante du mode majeur ?

XV

Qu'appelle-t-on notes d'agrément ou petites notes ?

Comprend-on les petites notes dans la quantité déterminée des valeurs de durée que doit contenir la mesure ?

À quelles valeurs de durée les petites notes empruntent-elles le temps de leur exécution ?

Combien compte-t-on de manières d'exécuter les petites notes ?

Récitez-les.

Comment indique-t-on le mouvement à observer dans l'exécution d'un morceau de musique ?

Quel est le moyen mécanique de préciser le mouvement ?

Que faut-il observer pendant l'exécution pour donner de l'expression à la phrase musicale ?

Récitez-les ... les termes de nuances ... créés par l'usage ?